IL LINGUAGGIO DEL CORPO

Sommario

CAPITOLO 1

La comunicazione

Il termine comunicazione, deriva dal latino communis, che significa condivisione. Il significato, se si prende in considerazione l'etimologia della parola, è quindi quello di una sorta di atto condiviso tra le persone. Il dott. Goffman, nel 1969, la definì come *"tutto ciò che avviene quando le persone sono insieme"*, la Scuola di Palo Alto (U.S.A.), con la sua teoria sistemico–relazionale, definisce la comunicazione come "processo e sistema di scambi che avviene dentro ad un sistema". Per sistema si intende "un insieme di soggetti o componenti (individui) con delle specifiche caratteristiche e ruoli ,le cui relazioni tengono in piedi il sistema stesso", in altre parole, il sistema è un gruppo o una coppia oppure un' organizzazione. La comunicazione, oltre a essere un atto di scambio di dati, è anche un comportamento, poiché l'individuo non solo la produce, ma ne diventa parte attiva.   In sintesi, comunicazione significa partecipazione ad un sistema di interazioni e relazioni, costituiti da regole, accettate sia coscientemente che non, da tutti i partecipanti. Le informazioni possono essere sia di carattere verbale che simbolico. Nel libro, vedremo come, attraverso la comunicazione (specificatamente quella non verbale), possiamo influenzare il comportamento. Sempre la scuola di Palo Alto in California, ha fornito cinque assiomi, ovvero regole inconfutabili, sulla comunicazione.

1. NON COMINICARE E' IMPOSSIBILE
come abbiamo già detto, ogni comportamento è comunicazione, anche il mutismo o l'immobilità hanno un significato. Ad esempio, entrare in una stanza senza salutare e guardare negli occhi che c'è all'interno, è una forma di comunicazione, i significati possono essere i più vari, ma ciò che è importante

capire, è che noi individui in ogni momento della nostra vita, anche inconsapevolmente, siamo mittenti di messaggi

2. OGNI COMUNICAZIONE VIAGGIA SU DUE LIVELLI, QUELLO DEL CONTENUTO E QUELLO RELAZIONALE E, IL SECONDO CONZIONA IL PRIMO (METACOMUNICAZIONE). Mentre possiamo definire il contenuto come la raccolta dei dati o l'informazione in sé che viene scambiata all'interno del sistema, il livello relazionale trova radici dalla nostra emotività e si definisce per la maggior parte delle volte con modalità di linguaggio non verbale. Ad esempio, offrire un caffè ad un amico o offrirlo al capo al lavoro, avrà probabilmente una frase con lo stesso contenuto verbale, ma con una modalità non verbale differente (sguardi, sorrisi, distanziamento del corpo, ecc..). Il fatto

che relazione e contenuto siano in armonia tra loro, è fondamentale per rafforzare il messaggio e trasmettere sicurezza e affidabilità. Se le due componenti sono in contrasto, a parte l'indebolimento del messaggio stesso, si potrebbe creare della confusione sino a portare del disaccordo all'interno del sistema.

3. LA PUNTEGGIATURA TRA LE SEQUENZE DEI DATI DEL MESSAGGIO E' FONDAMENTALE. Per punteggiatura si intende quello che noi chiamiamo percepire "tra le righe", ovvero tutte quelle sfumature all'interno della comunicazione che captiamo e che ci aiutano a dare un'interpretazione del tutto.

4. LA COMUNICAZIONE HA SIA UNA MODALITA' NUMERICA CHE ANALOGICA. Per modalità numerica si

intende il linguaggio verbale, e quindi tutto ciò che è definibile convenzionalmente con parole, per modalità analogica, si intende il linguaggio non verbale, che comprende la mimica, la postura del corpo, il tono della voce, il modo in cui le parole vengono pronunciate, il modo di guardare, le pause tra una parola e l'altra, l'acutezza e la profondità della voce, ecc... Il linguaggio verbale è efficiente e efficace nell'esposizione di concetti e comandi, ma la parte emotiva e relazionale viene data dal linguaggio non verbale, che è spesso non controllabile e involontario.

5. LA COMUNICAZIONE PUO' ESSERE SIA SIMMETRICA CHE COMPLEMENTARE. Vuol dire che se la comunicazione è simmetrica, gli individui componenti il sistema sono sullo stesso piano (es. colleghi, fratelli, amici), se è invece complementare, gli individui sono su piani

differenti (direttore-dipendente, madre-figlio, medico-paziente). Ci sono quindi più combinazioni di comunicazione in cui l'uno o l'altro sono in supremazia e/o sottomissione.

CAPITOLO 2

Il linguaggio non verbale

Secondo Sapir (1921), la comunicazione non verbale può essere definita come *"un codice elaborato non scritto e non parlato, ma da tutti compreso"*. Per cui, da cosa è composta la CNV? Da comportamenti, azioni e gesti in grado di trasmettere informazioni, ad esempio, il timbro, lo stile e il ritmo della voce, la posizione del corpo, la gestualità e l'espressione del viso, il movimento all'interno dello spazio e i tempi in cui avviene la comunicazione. La CNV ha la peculiarità di esprimere emozioni, più che formulare concetti o ordini, e il suo massimo risalto si ha nelle situazioni più confidenziali o al contrario in quelle più formali. Ad esempio durante un colloquio di lavoro, dove la postura, lo sguardo o le pause nel parlato possono rivelare molto, o durante un appuntamento romantico, dove la posizione nello spazio, il contatto o il tono della voce possono fare la differenza. Inoltre, partendo dal presupposto, come già detto prima, che la CNV è fortemente influenzata dall'inconscio, ed è inconsapevole e involontaria, può fornire davvero molte informazioni veritiere sia su di noi, che sul nostro interlocutore, ancor prima di proferir parola. Da quest'ultima affermazione, si può quindi affermare che la CNV è il tipo di comunicazione più affidabile, spontanea e sincera, anche se non bisogna dimenticare che è in una certa misura influenzabile dal contesto socioculturale, dall'educazione e dalla genetica. Il linguaggio del corpo, è definito dagli studiosi come "lo specchio dell'anima", potente, diretto e veritiero.

CAPITOLO 3

I canali della CNV

Secondo Argyle (1972) la comunicazione non verbale, avviene attraverso vari canali.

- VOCALE. Il sistema vocale non prende in considerazione la parola come insieme di lettere, ma tutte quelle sfaccettature che caratterizzano la voce, l'intensità del suono, l'intonazione, il timbro, la velocità del parlato, i riflessi fisiologici come il rutto, il singhiozzo, la tosse oppure la risata o il pianto. Tutte queste proprietà che caratterizzano le parole dette, variano in base alla situazione, all'ambiente e alle persone. Facendo caso al sistema vocale, è possibile captare lo stato emozionale dell'interlocutore, diversi studi hanno evidenziato che, ad esempio, in una situazione di collera, si ha un aumento dell'intensità della voce, le pause tra una parola e l'altra si riducono sino a quasi scomparire. Gli aspetti non verbali del parlato sono stati indagati da Ricci Bitti che afferma che, le persone non comunicano solamente attraverso l'enunciato di concetti, ma attraverso sottili sfaccettature (ma importantissime) caratteristiche del linguaggio, che Trader chiama comunicazione, e sono: riso, pianto, sospiro, sbadiglio, intensità, timbro ed estensione della voce, suoni vari (uh, mah, boh, ecc..). Questi aspetti non verbali, devono sempre essere messi in comparazione con altri aspetti che Laver e Trudgill chiamano indicatori che sono di natura sociale, economica, fisica, ambientale, status, e caratteristiche psicologiche delle persone. Ciascun indicatore può influenzare il significato del linguaggio para - verbale.

- CINESICO. La cinesica è la scienza che studia la mimica facciale, la gestualità e la postura del corpo. La mimica facciale è solitamente, uno dei lati che desta più interesse durante la comunicazione, basti pensare, ad esempio, ai neonati e all'importanza che assume per essi nei primi mesi di vita, quando parlare è impossibile. Il dott. Ekman secondo cui, le espressioni facciali sono "la manifestazione immediata e non richiesta delle emozioni basilari", sono parte di tutti gli esseri umani, a prescindere dalla cultura, e abbastanza immediati da interpretare, anche se poi ogni contesto geografico – culturale e il carattere stesso di ognuno, influenza le persone a gestirle in maniera differente: a volte tentiamo di controllare l'emozione che stiamo provando (ad esempio la rabbia), oppure cerchiamo di enfatizzarla (ad esempio la gioia). Per quel che riguarda lo sguardo, la sua direzione e la intensità possono rivelare molto. Solitamente si preferisce guardare che essere visti e, nella quotidianità, chi parla meno, tende a guardare di più. Al contrario, non essere guardati affatto può avere vari significati all'interno della comunicazione, quasi sempre quello di scarso interesse verso il messaggio. I teorici della comunicazione ci dicono infatti che un buon comunicatore dovrebbe cercare di direzionare il suo sguardo verso tutti i componenti del sistema, in modo da coinvolgere tutti. E' stato visto che la durata normale di uno sguardo dura pochi secondi, più prolungato nel tempo sottintende un rapporto relazionale più intimo, come quello tra famigliari, amanti o amici. Al contrario, uno sguardo fisso e persistenze può provocare disagio e sensazione di sfida o minaccia.

Tutto ciò che è stato detto naturalmente varia

anche in base al contesto socio – culturale: in occidente uno sguardo diretto è interpretato come un segno di normalità e affidabilità, mentre evitare di guardare viene visto come segno di sottomissione, paura e timidezza. In Oriente invece, evitare lo sguardo viene visto come una forma di formalità e rispetto verso il prossimo e, il contrario viene riservato ai rapporti più intimi, nel mondo Islamico lo sguardo viene influenzato dal sesso: guardarsi negli occhi è permesso solo tra uomini. Infine, è stato visto che le donne tendono a usare più lo sguardo rispetto agli uomini, soprattutto durante la seduzione. La Cinesica, infine, si occupa anche della postura del corpo e dei gesti eseguiti da ciascun individuo durante la comunicazione. Anche qui, possiamo dire che postura e gestualità subiscono l'influenza dell'ambiente e dalla componente soggettiva e, hanno la caratteristica di rafforzare (o indebolire) il significato del messaggio inviato all'interlocutore. Tutti noi abbiamo il controllo dei movimenti del nostro corpo, anche se, è stato visto che man mano che si va verso l'estremità (ad esempio mani e piedi) possono esserci dei movimenti involontari, guidati direttamente dall'inconscio e molte volte rivelatori rispetto al nostro stato d'animo. La posizione delle gambe e delle mani possono rivelare molto sull'apertura al dialogo tra i componenti del sistema: le gambe incrociate o le mani in tasca possono essere segno di chiusura verso l'altro, al contrario, i palmi delle mani aperti, o la stretta di mano possono essere indizio di apertura. Bisogna però sempre considerare anche il contesto geografico: gli orientali interpretano un eccesso di gestualità come invadenza, non mettere le mani in mostra è per loro normale. Inoltre, anche i cenni del capo per affermare o negare non sono universali ma subiscono l'influenza del contesto: in alcuni regioni dell'est Europa scuotere il capo vuol dire affermare.

- LA PROSSEMICA, è la scienza che si occupa dello studio della percezione che l'individuo ha dello spazio. In questo, ogni essere umano è aiutato dai suoi cinque sensi (udito, vista, olfatto, tatto e gusto), anche se alcune volte non li usiamo, generalizzando alcuni dati. Ad esempio, chi sa dire con certezza la forma del naso di tutte le persone osservate durante la giornata? Più siamo fisicamente lontani nello spazio e più il nostro "incontro" è breve, e più è difficile percepire l'altro nello spazio in maniera precisa. Hall negli anni '60, ha classificato le distanze tra i componenti del sistema, ovvero, una distanza di oltre quattro metri circa, indica una situazione ufficiale, come ad esempio quella di un congresso, una distanza più corta ma non troppo, sino a un metro, indica un rapporto formale, come quello mantenuto in una situazione lavorativa. In situazioni più intime, come nella propria casa con amici e famigliari, la distanza si accorcia ancora, sino a diventare quasi impercettibile, sino ad avere in contatto. Il tocco è una delle abilità che l'essere umano sviluppa più velocemente, basti pensare ai bambini e al loro "capire" il mondo toccando gli oggetti che hanno attorno. Vari studi evidenziano che gli uomini preferiscono meno essere toccati rispetto alle donne, e queste ultime tendono invece a ridurre la distanza sociali con i loro interlocutori, inoltre, nelle situazioni più formali vengono toccati solo alcuni punti, come le spalle e le mani, il contatto con altri punti, se non fatto da persone facenti parte della sfera intima della persona, può essere considerato fastidioso e inopportuno. Il contatto inoltre può specificare l' assimetria del rapporto: la persona dominante tende a toccare più frequentemente un suo sottoposto, al contrario può determinarne la simmetria, come la stretta di mano o l'abbraccio. Gli individuo tendono a preferire la vicinanza di persone simili.

- L'ASPETTO ESTERIORE, secondo Goffman, le persone tendono a voler influenzare l'impressione che gli altri hanno di loro. L'aspetto esteriore ha un ruolo fondamentale in tutto questo, ne sono un esempio i colloqui di lavoro, le uscite in pubblico, ecc.. In sintesi, secondo Goffman, tutti noi cerchiamo in misura diversa il favore degli altri. Per riuscire nell'intento e dimostrare il nostro status o appartenenza a gruppo sociale o essere adeguati alla situazione e al contesto, facciamo leva sul nostro aspetto. Ne sono un esempio la scelta dell'abbigliamento, del trucco, dell'acconciatura, dei colori e delle misure di ciò che indossiamo. Sempre secondo Goffman, nel nostro tentativo di cura dell'aspetto esteriore, ricerchiamo la bellezza, la quale è composta da fattori naturali, come le proporzioni, i lineamenti, e tutte quelle caratteristiche intrinseche del nostro corpo, e da fattori estrinseci, cioè che apportiamo noi al nostro corpo, come il tipo di trucco scelto in base a cosa vogliamo far risaltare o meno o l'indumento appropriato per esaltare le linee o nasconderne altre. In natura, l'aspetto esteriore è il mezzo principale utilizzato dagli animali per comunicare.

CAPITOLO 4
Il linguaggio del volto

Il dott. Paul Ekman, docente di psicologia presso l'University of California Medical School di San Francisco, diventato famoso per l'invenzione del metodo FACS (Facial Action Coding System), ha dato vita ad un sistema che permettesse di decifrare il linguaggio del volto, osservandone la mimica, più specificatamente i movimenti dei muscoli del viso, che ognuno di noi contrae o rilassa involontariamente. Il metodo Elkam è studiato nelle Università e preso in considerazione dai più importanti sistemi investigativi come CIA e FBI, conosciuto nel mondo del marketing, della comunicazione e in psicologia. Ekman, in collaborazione con Friesen, definì nel 1968, che il linguaggio non verbale è il mezzo principale per comunicare ciò che proviamo ai nostri interlocutori. Ekman però, non fu il primo a interessarsi alla mimica facciale, anche nel 1872 Charles Darwin, espresse la sua teoria nell'opera "*L'espressione delle emozioni nell'uomo e negli altri animali*". Secondo Darwin, come avviene negli animali, le espressioni facciali nell'essere umano, sono innate e frutto dell'evoluzione stessa, per cui sono universali (prescindono da cultura e ambiente). Con Darwin lo studio delle emozioni, assume un carattere più scientifico, e diventa argomento di interesse di molti. Ad esempio Tomkins, classificò le emozioni in due gruppi diversi: quelle negative (rabbia, disgusto,vergogna, paura e angoscia) e positive (felicità, sorpresa e interesse), queste, secondo lo studioso, sono le emozioni basilari che ogni individuo possiede e che sono innate in ognuno di noi.

Ekman, successivamente, prendendo spunto dalle prime teorie, disse che le emozioni, e quindi le loro rappresentazioni espressive nella mimica facciale, sono di due tipi, il primo ha un origine genetica e il secondo viene formato dall'ambiente, dell'educazione e da tutti quei fattori esterni a noi.

Se si prende in considerazione il primo tipo, Ekman compara il nostro sistema neurologico ad un computer: per ogni espressione esiste uno specifico programma neuronale. Il volto, all'interno del processo comunicativo, è il punto dove convergono le maggiori informazioni sensoriali, e quindi, per comprendere il linguaggio del corpo è fondamentale tenere in considerazione l'importanza della mimica facciale. Sempre secondo Ekman, se consideriamo il primo tipo di espressione (quello innato), sono evidenziabili diversi tipi di emozioni principali, da cui poi originano molte altre:

- Sorpresa

- Paura

- Rabbia

- Disgusto

- Tristezza

- Felicità

- Disprezzo

- Senso di colpa

- Vergogna

- Imbarazzo

Adesso, vediamo in pratica, quali le espressioni del viso tipiche che contraddistinguono le emozioni più comuni negli individui, secondo lo studio del metodo FACS:

- Divertimento, comprende un sorriso, il movimento del capo all'indietro e sguardo verso l'alto.

- L''imbarazzo, con labbra contratte e sguardo basso e il capo che si muove da sinistra verso il basso.

- La vergogna, con sguardo e capo abbassati.

- Dolore, con sopracciglia abbassate, occhi

chiusi, labbra contratte con il labbro superiore in posizione prominente.

- Simpatia, con movimenti del capo in avanti e sopracciglia oblique.

- Disprezzo di sé, con l'angolo del labbro tirato, capo e sguardo abbassati,

- Senso di colpa, secondo il FACS quest'emozione ha incorporate in sé le espressioni facciali della simpatia, dolore e disprezzo di sé.

Se ci concentriamo sulle emozioni positive, secondo Ekman, ne esistono almeno sedici e tra loro le differenze sono davvero sottili. Ad esempio, non tanto dal movimento della muscolatura ma dalla caratteristica dell'emissione del tono del suono della voce. Dopo vari studi, il metodo FACS è ormai convalidato e usato in tutto il mondo, e sembra essere efficace come metodo predittivo delle emozioni degli individui. Sebbene sia stata dimostrata la sua universalità, grazie a numerosi esperimenti condotti da Ekman e Friser in persona, esiste una piccolissima variabile emozionale non quantificabile scientificamente, ossia, tutto ciò che riguarda il temperamento caratteriale e le caratteristiche della personalità dell'individuo. Possiamo quindi concludere che le tecniche messe in uso nello studio della comprensione della mimica facciale, hanno lo scopo di comprendere la personalità dell'individuo. Queste teorie trovano impiego in numerosi capi. Quali? Qui sotto ne citeremo alcuni:

- Sicurezza Nazionale

- Risorse Umane

- Formazione

- Coaching

- Sport

- Counselling

- Vendite e acquisti

- Management

- Negoziazione

- Indagini investigative

- Ricerca di mercato e settore marketing

- Crescita personale

- Terapia psicologica

Il metodo FACS, fornisce sia un metodo per la misurazione della modifica della muscolatura facciale, che uno per valutare la qualità dell'informazione prodotta tramite l'espressione. Ekman e Friesen hanno stabilito più di dieci mila combinazioni di movimenti muscolari del volto,

Come differenziare i movimenti tra loro? Sono stati suddivisi in quattordici unità, basate sulla direzionalità dello sguardo e sulla direzione del viso, con dei punteggi che rispondono a determinate caratteristiche. Viene presa in considerazione anche la durata di un'espressione, l'intensità dell'espressione e la simmetria dei due emilati del viso. Tutte le variabili sono impostate in un database, e tramite l'assegnazione di un punteggio è possibile comprendere il tipo di emozione che prova il nostro interlocutore. Nel metodo FACS i fattori come pianto, sudorazione e riso non vengono presi in considerazione e non influenzano il punteggio.

CAPITOLO 5

Il linguaggio del corpo

Anche il corpo, possiede un suo linguaggio, ed oggetto di molti studi comprenderne il significato. La postura ci indirizza sull'intensità dell'emozione ma non la identifica, inoltre, rispetto alla mimica facciale e alla componente paralinguistica, è ancor meno controllabile. Partendo dal presupposto che il corpo non mente mai, comprendendo il linguaggio del corpo, possiamo cogliere a fondo la reale essenza delle persone con cui ci rapportiamo. Secondo Lowen l'atteggiamento del nostro corpo riflette la nostra natura. Il linguaggio del corpo, al contrario delle parole, non mente, e quindi, se diventeremo dei bravi osservatori e riusciremo a comprenderne i punti chiave, riusciremo ad avere un' idea il più possibile veritiera rispetto allo stato d'animo dell'altro. Ad esempio, se con il capo chino e le spalle abbassate diciamo che siamo molto allegri, mentendo, il nostro interlocutore, se attento osservatore, interessato a noi, potrà facilmente capire che si tratta di una menzogna e del tentativo di nascondere il nostro vero stato d'animo. Al contrario, se viviamo una reale sensazione di felicità, il nostro corpo dovrà esserne lo specchio: lo sguardo vivace, i movimenti scattanti, i lineamenti distesi, ecc.. L'essere umano, nel corso della storia, ha acquisito una grande abilità nel controllo delle parole, una grossa lacuna rimane il controllo del corpo. Ci sono però alcuni aspetti più controllabili di altri. Se è vero che quando si mente all'interno della nostra testa si crea una lotta tra consapevolezza e inconscio, che nella realtà si manifesta con contraddizioni del comportamento, lo studioso Desmond Morris, ha stabilito una classifica di elementi non verbali non controllabili (in ordine crescente):

1. Riflessi spontanei, come rabbrividire, sudare, impallidire e arrossire (derivano da

stimoli fisiologici e quindi impossibili da governare).

2. Movimento di piedi e arti inferiori (tendiamo a tralasciare questa parte del corpo e concentrarci di più verso quella superiore).

3. Movimenti del busto

4. Movimenti delle mani atipici rispetto alla normalità dell'individuo preso in considerazione.

5. Mimica facciale.

6. Parole

Il corpo ha quattro principali orientazioni nello spazio rispetto ad un altro individuo con cui sta o deve comunicare:

- Frontale, cioè faccia a faccia, indica intimità o al contrario, rapporto gerarchico tra gli individui.

- Di fianco, indica collaborazione o comunque un rapporto amichevole

- Un interlocutore più in alto dell'altro , espressione di gerarchia

- Uno dei due interlocutori inchinati verso l'altro, indica apertura al dialogo.

Nella comprensione del linguaggio del corpo, da non sottovalutare la prossemica, ovvero come detto in precedenza, lo spazio che un corpo occupa. Più le distanze si riducono e più il rapporto potrà sembrare amichevole e intimo. Esiste poi uno studio sulle posture del corpo, che ne evidenzia tre tipi:

- Eretta

- Seduta

- Coricata

Da queste tre classi, si diramano più di cento tipi di posture differenti, con ognuna il suo significato:

- Braccia incrociate significa auto - protezione.

- Stringere un tratto di indumento, significa aver paura per sé stessi.

- Fare spallucce, significa resa.

- Gambe accavallate, significa proteggersi.

- Bacino immobile, può voler dire inibizione sessuale.

- Rigidità del tronco, significa situazione recepita come formale.

- Ammiccare, gesto di empatia e di distensione e in base alla lateralità può variare il suo significato: con l'occhio destro (si chiude), prevalenza di razionalità. Al contrario, l'occhio sinistro si chiuse, il sentimento prende il sopravvento, strizzare entrambi gli occhi può invece significare incoraggiare l'altro.

- Appoggiare le mani ai fianchi alzando le spalle, significa sconcerto.

- Spalle basse e tronco curvo, danno l' idea di afflizione e tristezza.

- Il busto eretto con torace di fuori, rende l'idea di sicurezza

- Le mani in tasca o nascoste dietro la schiena, danno l'idea di voler nascondere qualcosa

- Incrociare le braccia può voler significare distacco

Esistono tantissime combinazioni di posizioni in natura, la vera cosa fondamentale è quella di considerare la persona nel suo insieme e non un singolo elemento alla volta, altrimenti potremmo essere fuorviati.

CAPITOLO 6

Come comprendere gli altri?

Esistono delle caratteristiche fondamentali da osservare nel nostro interlocutore, quando ci accingiamo a interpretare la sua comunicazione non verbale, e quindi, le sue emozioni. In questo capitolo ne elencheremo quattro tra le più importanti:

1. APERTURA O CHIUSURA DEL CORPO, indicano la disponibilità o meno nei nostri confronti, e quindi quanto l'altra persona, sia predisposta alla comunicazione con noi. Degli indicatori di apertura sono: arti superiori rilassati, palmi delle mani in vista, nulla che copra parti del corpo o viso e arti inferiori non incrociati. Mentre, tutti i comportamenti opposti a quelli sopra elencati, corrispondono ad un atteggiamento di chiusura e quindi rendono

l'idea di poca disponibilità all'interazione. A volte però, la chiusura può essere rivolta alla situazione e al contesto, ostile rispetto al nostro interlocutore, e non rivolta a noi.

2. DOV'E' RIVOLTO IL CORPO? Per avere un' idea del grado di apertura del nostro interlocutore verso di noi, oltre a valutare la posizione del suo corpo. Dobbiamo anche essere in grado di capire in quale misura il suo corpo è rivolto verso di noi. Il grado in cui una persona si rivolge all'altra con il corpo e con lo sguardo, è direttamente proporzionale alla predisposizione all'apertura verso l'altro. Ad esempio, mentre ascoltiamo un interessantissima notizia al telegiornale, il nostro corpo, il nostro viso e i nostri occhi sono rivolti e tendenzialmente piegati in avanti verso lo schermo della tv. La direzionalità del corpo indica il reale interesse verso l'altro, più di quanto non facciano le parole. Facciamo

un altro esempio, Marco e Luca stanno parlando, Marco racconta a Luca l'itinerario della sua ultima vacanza, nel mentre passa nel corridoio una bellissima ragazza e Luca si gira a guardarla. In quel momento, l'attenzione e l'interesse di Luca, non sono più rivolti a Marco, ma alla bella ragazza appena passata. La direzionalità del corpo, è molto difficile da controllare costantemente, basti pensare a noi e all'evenienza di dover controllare i nostri movimenti durante l'intero corso della giornata. Sarebbe presso che impossibile!! Quali sono gli atteggiamenti che in questo caso possiamo ritenere positivi? Quando durante la comunicazione il nostro interlocutore tende a seguirci se ci muoviamo, quando sia sguardo che corpo sono rivolti verso di noi, ecc..

3. LA PROSSEMICA la gestione dello spazio all'interno della comunicazione, può

rivelare molte cose sul nostro interlocutore. Come detto nei capitoli precedenti, più lo spazio diminuisce e più un rapporto tende a essere sempre meno formale e più amichevole, per cui se il nostro interlocutore cerca di mettere il più distanza possibile da noi, vuol dire che c'è un atteggiamento di chiusura da parte sua. I nostri movimenti sono per lo più dei riflessi automatici, e quindi, veritieri sullo stato delle nostre emozioni.

4. IL TOCCO, toccare qualcuno, o comunque cercare il contatto fisico con quest'ultimo, è sicuramente un segnale positivo all'interno della comunicazione: il contatto fisico indica una predisposizione all'interazione con l'altro, ad esempio, una pacca sulla spalla da parte del datore di lavoro, può star a significare un certo tipo di gradimento nel lavoro svolto, oppure due

ragazzi che si tengono per mano durante un appuntamento, può indicare attrazione o intesa. In ogni caso il contatto fisico elimina molte barriere della comunicazione e indica predisposizione all'interazione da parte di tutti i soggetti. Il contatto assume ancora più valore quando è fatto senza un preciso motivo o casualmente, poiché segnala inequivocabilmente un'apertura verso il prossimo, visto che essendo involontario è direttamente collegato all'inconscio. Nell'atto della seduzione, il contatto gioca un ruolo preponderante, basti pensare al tocco delle mani, o sistemare la cravatta all'altro, o appoggiare il capo alla spalla di un'altra persona, ecc.. Naturalmente, questo segnale è positivo anche se è frutto di ragionamento logico e razionalità.

Come possiamo valutare il nostro stato di gradimento rispetto al nostro interlocutore?

Possiamo innanzi tutto osservare i suoi comportamenti, concentrandoci sui punti sopra elencati, e poi, possiamo verificare tramite la messa in atto di ciò che abbiamo detto essere un segnale positivo. Ad esempio, possiamo provare ad avvicinarci a lui, e vedere la sua reazione. Se la reazione è di allontanamento, probabilmente la comunicazione ha qualche falla, nel caso contrario, potremmo sfiorarlo per continuare a sondare il terreno. La cosa importante, è che queste verifiche devono essere fatte dopo un'attenta osservazione e molto lentamente, procedendo a piccoli passi, in modo da non pregiudicare la comunicazione in partenza. Ad esempio, avvicinarsi con foga in maniera troppo diretta, potrebbe creare fastidio e disagio nell'interlocutore, sarebbe bene avvicinarsi pian piano, magari mettendosi a fianco e poi, solo in un secondo momento di fronte. Prima di sfiorare l'interlocutore, sarebbe bene iniziare a gesticolare, in modo da osservare la sua reazione delle nostre mani all'interno dello spazio condiviso, se la risposta è positiva, si può provare a mettere in atto un contatto fisico, naturalmente di pochi secondi, in modo da non infastidire e osservare la sua reazione: si irrigidisce? Si allontana? Ricambia? Non fa nulla? Se sin qui l'altra persona ha risposto positivamente ai nostri tentativi di verifica, possiamo star tranquilli e contare su un atteggiamento accogliente nei nostri confronti. Se così non fosse, non scoraggiamoci, continuiamo a osservare e a ricercare un punto di accordo con lui, ritentando al momento più opportuno.

Come possiamo evitare gli errori di interpretazione del linguaggio del corpo?

Ovviamente, come in tutte le cose, l'esperienza e la pratica aiuteranno a fare meno errori, anche se esistono delle linee da seguire per non incappare negli sbagli: interpretare erroneamente un messaggio o una comunicazione, può avere delle influenze nel nostro rapporto interpersonale. Ecco qui elencate alcune regole:

- Valutare anche i segnali che ci sembrano meno utili: l'essenza del comportamento e quindi della persona derivano dall'inconscio, che prescinde da tutto ciò che è costruito e razionale. Ad esempio concentriamoci sul ticchettio dei piedi o sull'immobilità esagerata delle gambe.

- Valutare solo veri segnali, non tutto è un segnale da decifrare: se in piena estate, il nostro interlocutore è sudato, probabilmente non sarà ansioso o solo accaldato, oppure se è molto vicino a noi probabilmente le misure dello spazio occupato sono davvero piccole.

- Osservare attentamente prima di tentare di interpretare, e dopo averlo fatto, concentrarsi sui segnali che tendono a ripetersi (per l'altra persona probabilmente hanno un valore più importante).

- Eseguire sempre verifiche comportamentali.

- Non bisogna sbandierare alle persone il nostro tentativo di interpretare il loro linguaggio del corpo: a molti non piace l'idea di essere sotto esame.

- Ricordare che i segnali positivi e negativi che emette una persona, non sempre riguardano noi, anche se in quel momento stiamo interagendo: ogni persona subisce l'influenza del contesto socio – spazio – temporale in cui si trova in quel momento. Per cui, se una persona sembra irritata, probabilmente la causa noi siamo e ciò che stiamo comunicando, ma semplicemente c'è del nervosismo correlato al altro oppure la tipica giornata "no".

CAPITOLO 7

L'arte di mentire

Chi nell'arco della sua vita, non avrebbe voluto nascondere un'emozione o una scomoda verità? Noi individui, in quanto animali sociali, molte volte incappiamo nella menzogna, come possiamo ottenere gli strumenti per riconoscerla? La scienza in questo campo, ha fatto numerosi progressi negli anni, basti pensare alle tecniche usate dagli investigatori durante gli interrogatori. Un concetto chiave, ormai confutato da molte teorie, spiega che ogni mentitore è in qualche modo sotto pressione, proprio perchè il suo inconscio viaggia nella direzione opposta rispetto alla sua logica razionale. Un mentitore perchè sia credibile, non deve solo limitarsi a esprimere verbalmente il suo inganno, ma deve anche avere la capacità di controllare la grande fetta di elementi appartenenti alla comunicazione non verbale. E' possibile riuscirci? Secondo la scienza no! Ovviamente più il mentitore è bravo, e più è difficile percepire gli elementi contraddittori del suo comportamento. Esistono particolari più gestibili di altri, come tutto ciò che viene utilizzato in maniera consapevole nella CNV nella normale quotidianità, ad esempio le espressioni del viso. Solitamente un bravo mentitore si concentra nella gestione del viso, mentre gestire il corpo con totale consapevolezza è presso che impossibile: controllare le contrazioni muscolari, piuttosto che il rilassamento nervoso non è sempre fattibile. Le mani ci offrono un valido supporto come indicatore di verità, poiché non ci sono strategie conclamate per eliminarne l'espressività. Gambe e piedi sono anche da prendere in considerazione, sono spesso "dimenticati", e in base alla teoria già citata in precedenza, più ci distanziamo dal centro e meno abbiamo il controllo del nostro corpo. Questa teoria può spiegare perchè molte volte preferiamo eseguire una lezione o un colloquio in teleconferenza, oppure perchè essere in piedi o seduti al centro di una stanza ci può mettere a disagio. Quindi, chi mente cercherà di controllare il corpo immobilizzandolo il più possibile o occupandolo con dei movimenti meccanici (es. camminare), e tenterà di utilizzare le parole e la mimica facciale per avvalorare la sua menzogna. Una serie di studi, eseguiti negli Stati uniti, basati sull'esperienza di giovani infermiere, interrogate sull'impressione avuta dall'impatto con delle esperienze molto suggestive vissute durante il loro lavoro, hanno evidenziato alcuni comportamenti che accompagnanvano le menzogne:

- le mani tenute più ferme del solito. Inconsciamente, temiamo che mentre mentiamo il movimento involontario delle mani possa far trapelare qualche indizio, per cui tendiamo a tenerle innaturalmente immobili.

- La tendenza a toccare spesso il viso. Ad

esempio toccarsi il mento, la fronte, la bocca, grattarsi il naso o il sopracciglio, accarezzare il lobo dell'orecchio, ecc. Sembra che inconsciamente abbiamo l'impulso di fermare la menzogna uscire dalla nostra bocca, toccandoci con le mani. Gli studiosi teorizzano che a volte tocchiamo altri parti del viso per dissimulare la tentazione di tapparci la bocca.

- Tendenza a muovere molto di più il corpo, o al contrario, quasi a immobilizzarlo.

- La mimica facciale era, a differenza del corpo, gestita molto bene, le espressioni del viso erano molto simili a quelle mostrate nella quotidianità. Anche se simili però, qualche piccolo particolare c'era, ed è ciò che Eknan definisce micro – espressioni (espressioni di pochi attimi, lievi quasi da essere impercettibili), visibili dopo un'attenta osservazione e viste e riviste a rallentatore.

In conclusione, con l'esperimento delle infermiere americane, è stato dimostrato che né con il corpo, né con il viso, è possibile mentire. Inoltre, più l'individuo è messo sotto pressione, più il conflitto interno tra inconscio e razionale diventa difficile da gestire e quindi controllare gli elementi involontari della comunicazione non verbale diventa sempre più difficile.

L'efficacia delle nostre comunicazioni quindi, non dipendono tanto da cosa diciamo, ma da come il nostro interlocutore recepisce il messaggio. E' stato ormai assodato che uno dei primi motivi per cui le persone sono interessate a conoscere il linguaggio del corpo, è per capire se chi hanno davanti sta mentendo o meno. Le menzogne però possono essere di vario tipo, come quelle dette "di cortesia", ovvero dette per evitare di offendere o turbare gli altri o quelle "gravi", ad esempio un assassino che cerca di nascondere il delitto appena compiuto. La maggior parte delle bugie con cui abbiamo a che fare sono di tipo sociale e, probabilmente non sono sempre negative: se dicessimo sempre tutto quello che pensiamo senza filtri, forse il mondo andrebbe in pezzi. Ad esempio possiamo evitare di dire ad una cara amica che è ingrassata, oppure alla collega che la sua torta ha un gusto davvero cattivo. La cosa certa è che però, per quanto i mentitori siano abili, degli osservatori esperti avranno sempre la meglio! Per riconoscere una menzogna, dobbiamo sempre andare a ricercare il confronto con il comportamento abituale di quella stessa persona, ovviamente se si tratta di conoscenti sarà molto più semplice. I comportamenti da prendere in considerazione e poi confrontare sono quelli presenti in cui una persona sta dicendo la verità (sappiamo che è tale perchè è ineluttabile), ad esempio, l'intensità del suo sguardo, i cambi di posizione, la postura, il movimento delle mani e dei piedi, il contatto oculare, ecc. Se notiamo uno stile di comportamento diverso, siamo giustificati ad accendere un campanello d'allarme e a pensare ad una menzogna. Se invece la persona in questione la conosciamo poco, possiamo solo limitarci a osservarla e ascoltarla, cercando attentamente le sue contraddizioni. Per comprendere e osservare quali sono le probabili mosse di un astuto mentitore, possiamo osservare dei giocatori di Poker durante una partita: il bluff è una tecnica molto utilizzata durante il gioco! Occultare delle emozioni e dissimulare ai rivali la realtà, riducendo al minimo la fuga di informazioni, può far la differenza e regalare una fruttuosa vittoria! E' stato visto che il luogo dove maggiormente tendiamo a reprimere le nostre emozioni, cercando di nasconderle agli altri, è il lavoro. Quante volte ci siamo trovati davanti ad un capo scorbutico e abbiamo finto gentilezza? Quante volte abbiamo mentito dicendo che un lavoro pesante e noioso ci piaceva moltissimo, per non dimostrare debolezza? Ecco appunto! Un bravo osservatore però, riuscirà a capire subito il tentativo di reprimere la nostra reale emozione: la tristezza tende a far contrarre le pupille e l'ansia tende a creare tic nervosi a livello palpebrale. Ma il buon osservatore, oltre a questo sa anche che la vera dimostrazione di menzogna si ha quando gli altri individui cambiano atteggiamento rispetto alla normalità. Ad esempio, se un nostro collega è abituato a gesticolare in maniera importante quando comunica con noi, e improvvisamente, interloquendo non lo farà più, anzi risalterà la sua marcata immobilità, forse quello che sta dicendo non è del tutto veritiero. Questi gesti "incoerenti" rispetto alla normale condotta sono i più importanti rivelatori di menzogna. Inoltre, durante l'osservazione, non dobbiamo e non possiamo basarci su un unico gesto, sarebbe superficiale e il più delle volte non ci condurrebbe al risultato atteso. Tornando agli elementi di menzogna, uno da non sottovalutare è l'intensità del sorriso: esistono diversi tipi di sorriso, e chi mente tendenzialmente sorridono. Perchè? Perchè inconsciamente il mentitore vuole dissimulare la reazione di rabbia o tristezza che avremmo se sapessimo la verità. Inoltre, siamo solitamente inerenti a credere che il sorriso sia segno di fiducia e non di inganno: l'uomo, in quanto animale, crede a ciò che vede. I mentitori "esperti" sapendo questo, per dissimulare la loro bugia e convincere gli altri, sorrideranno meno! E' stato inoltre visto che, il sorriso del mentitore è un sorriso molto diverso da quello fatto per gioia o felicità, il sorriso falso dura molto e nel suo durare si trasforma pian piano in una smorfia per poi scomparire lentamente, non è mai spontaneo e tendenzialmente gli angoli della bocca sono rivolti verso il basso. Questo tipo di sorriso, però, non appartiene solo ai bugiardi, possiamo utilizzarlo tutti noi inconsciamente nelle occasioni di circostanza e formalità, senza necessariamente essere colpevoli di chissà quali segreti. Secondo gli studiosi è quasi impossibile produrre un'espressione sorridente spontanea mentre si sta mentendo. Un posto speciale, all'interno del nostro esercizio di osservazione, dev'essere riservato agli occhi e alla direzionalità, come si suol dire, gli occhi sono lo specchio dell'anima. Secondo le credenze popolari, un bugiardo non guarda mai negli occhi, questa frase è solo parzialmente corretta: l'elemento chiave non è il fissare o meno gli altri, ma capire se la direzionalità dello sguardo dell'individuo sotto osservazione è diversa o anomala rispetto alla sua normalità. Un mentitore può fissare a lungo l'altra persona, nel tentativo di ingannarla inducendo quest'ultima a fidarsi di lui, visto il gesto di grande apertura come uno sguardo diretto. O al contrario, può non reggere il confronto con lo sguardo indagatore del suo interlocutore. Secondo Ekman, le persone più manipolatrici però, tendono a guardare fissi negli occhi mentre mentono, i criminali ne sono un forte esempio, se vedessimo il video di un interrogatorio o di un processo, vedremmo che quest'ultimi tendono a non dissimulare lo sguardo dal loro interlocutore. Come detto prima, in questi casi, oltre a notare non uno, ma più comportamenti rivelatori, dobbiamo porre attenzione anche al corpo oltre che al viso. Oltre alla dilatazione e contrazione delle pupille e alla fissità degli occhi, dobbiamo anche valutare la presenza di tremore palpebrale: nelle situazioni di stress, e come abbiamo detto precedentemente, chi mente lo è sempre (anche se in misura diversa) visto che si crea un contraddittorio interno tra logica e sentimento, possiamo osservare tremolio palpebrale. Questo fenomeno per lo più involontario e non controllabile, può essere indicatore di tensione e quindi di bugia, anche se è spesso osservabile anche nelle persone semplicemente molto stanche e stressate in senso generale. In fine, merita di essere nominata la direzionalità dello sguardo. Come sappiamo il nostro cervello si suddivide in due emilati, il destro e sinistro, e ognuno ha una specifica funzione: il lato destro controlla la logica e la razionalità dell'individuo, mentre il sinistro è la sede della creatività e dell'emotività. Per quel che riguarda il movimento, l'emisfero destro controlla il movimento del lato sinistro del corpo, mentre l'emisfero sinistro controlla il lato del corpo destro. Cosa vuol dire questo preambolo? Se osserviamo la direzionalità dello sguardo, saremo in grado di capire se ciò che il nostro interlocutore sta dicendo è frutto di un'elaborazione emotiva, e quindi inconscia per cui reale, oppure se è frutto di un ragionamento logico e calcolato, quindi ha maggior probabilità di essere un bugia. Le neuroscienze, ci dicono che, se nel corso della comunicazione, interrompiamo in maniera spontanea il contatto visivo, tendiamo a direzionale gli occhi da un lato piuttosto che l'altro. Questo può essere il momento rivelatore, se siamo degli attenti osservatori con molta pratica ed esperienza alle spalle. Quindi, se l'interlocutore guarda a destra, è probabile che dica il vero (il movimento è controllato dai due emisferi opposti), se guarda a sinistra, è probabile che il suo concetto non sia del tutto veritiero. E' importante però ricordare, che nessuno elemento se preso da solo, permette di diagnosticare una menzogna, e va sempre fatto un confronto con il comportamento "normale" di un individuo. Senza un 'accurata valutazione e comprensione della totalità dei dati, si può essere fuorviati e creare falsi pregiudizi o peggio incrinare il rapporto interpersonale con gli altri.

Abbiamo abbondantemente parlato del linguaggio non verbale riferito alla mimica facciale, alla prossemica e alla postura. Un altro elemento di fondamentale importanza, per quel che riguarda la menzogna, è rappresentato dagli aspetti e dalle caratteristiche del parlato, cioè da nostro modo di esprimerci. Per modo di esprimersi, non si intende il significato di cosa viene detto, ma di come lo si dice. Un eloquio può essere lento o veloce, alcune pause possono essere più lunghe o più corte delle altre, dando alle parole una moltitudine di significati. Se prendiamo in considerazione la velocità del parlato, è stato visto che, una persona che mente tende a parlare più lentamente, poiché il cervello ha bisogno di uno sforzo maggiore per elaborare un concetto diverso della realtà, inoltre, non dimentichiamo che le bugie creano sempre un conflitto interiore e richiedono un forte sforzo energetico per controllare la comunicazione non verbale. In poche parole, mentire è davvero faticoso, e richiede molte energie! Purtroppo i manipolatori seriali, saranno allenati anche a questa forma di stress e, faranno in modo che il loro eloquio non risulti né troppo lento, né troppo veloce rispetto al solito. Per lo stesso razionale del eloquio tendenzialmente lento durante la menzogna, anche le pause tra una parola e l'altra sono generalmente più lunghe. Il mentitore inoltre, cercherà di sembrare rilassato, sempre per dar credito alla sua farsa, un modo di esporre lento e pacato, può quindi essere ingannatore, anche se, osservando bene il nostro interlocutore, potremmo notare che la frequenza respiratoria (percepibile dai movimenti del torace), tenderà ad aumentare, sempre per lo stress provocato dal gestire così tanti aspetti. Oltre all' aumento di frequenza respiratoria, un aspetto rivelatore può essere quello modificare il tono o l'intensità della voce durante il dialogo, ad esempio, schiarirsi la gola. Quest'ultimo è un elemento molto interessante, non solo perchè smorza la tensione per i bugiardi, ma ha anche un razionale fisiologico: il bugiardo è teso, la tensione che stress, il sistema nervoso involontario diminuisce la produzione di saliva, per cui si ha la sensazione di gola secca e bocca asciutta, motivo per il quale schiarirsi la gola o avere la sensazione di sete, è quasi naturale. Attenzione però, aver sete dopo un lungo discorso è normale per chiunque, ricordiamoci di valutare tutti gli elementi nel loro insieme e non singolarmente, poiché altrimenti non hanno nessun valore. L'eloquio può essere menzoniero anche quando al suo interno ci sono delle esitazioni, sia sotto forma di silenzi prolungati, sia sotto forma di paroline prive di senso (uhm.. ah.. eh...). Queste sorta di intercalari, servono solo a prendere tempo e ridurre la tensione del mentitore, un discorso sincero solitamente è deciso, calmo e scorrevole. La voce inoltre, può avere un cambio di timbro: quando si mente si tende ad avere un tono più acuto, sempre a causa della tensione. Facciamo un esempio pratico, ci troviamo in macchina, presso una strada statale, rallentiamo e la macchina dietro di noi ci urta danneggiandoci il paraurti. La causa reale è la mancanza di distanza di sicurezza e l'eccesso di velocità di quest'ultimo. Noi e il guidatore dell'altra automobile, interagiamo sull'accaduto, il nostro interlocutore cercherà di negare le sue responsabilità nell'accaduto mentendo. Quali atteggiamenti rivelatori possiamo notare? Ad esempio lo sguardo spostato frequentemente a destra e sinistra e inespressivo, un sorriso di circostanza tirato ai lati della bocca, la voce acuta, la mancanza di salivazione, il tremolio palpebrale, le mani nascoste in tasca e i piedi mossi con un ticchettio nervoso, l'uso frequente di intercalari che interrompono le frasi lasciandole in sospeso.

In conclusione, chi mente ha un comportamento simile a chi è teso e sotto stress, ma l'elemento basilari e rivelatore in assoluto è captare cambi di atteggiamento rispetto alla normalità. Possiamo esercitarci ad osservare le persone che ci stanno intorno, ad esempio i nostri colleghi. Chiediamoci com'è quella persona abitualmente? Se solare o cupa, se ansiosa o molto tranquilla, se tende a fissare gli altri o distoglie lo sguardo per timidezza, se è molto stanca oppure generalmente rilassata, se la voce e profonda o acuta e se il parlato è veloce e travolgente o calmo e delicato. Le risposte a queste domande potrebbero stupirci, e farci capire quanto poco a fondo conosciamo chi ci sta intorno e quindi quante poche armi abbiamo scovare gli inganni. Ricordiamo però che non tutte le menzogne sono negative in maniera assoluta: se tutti dicessimo quello che pensiamo senza filtri, ci sarebbero litigi e incomprensioni in ogni dove! Ad esempio, non è così criticabile mentire dicendo che ciò che abbiamo mangiato era buono, se invitati a cena da qualcuno. Oppure, possiamo far finta che ci piaccia l'automobile nuova del vicino per non offenderlo. Basta essere credibili nel farlo!

Abbiamo disquisito a lungo sulle strategie della menzogna, adesso possiamo concentrarci su tutti quegli elementi che fanno si che la verità trapeli, nonostante tutti gli sforzi di omissione. Come abbiamo già detto, mentire crea un inevitabile conflitto interiore, il conflitto mentale genera contraddizioni e stress a livello esterno, più le contraddizioni aumentano, più aumenta il nervosismo, e così via. Per cui, il vero nemico del mentitore è l'ansia! Il grado di ansia che ognuno di noi ha è innato e tipico della personalità di ognuno di noi, praticamente genetico. Più le persone sono ansiose e meno tendono a essere logiche e razionali, lasciandosi spesso trasportare dall'emotività. Esiste poi quell'ansia che nasce poiché correlata al contesto che si sta vivendo in quel preciso momento: questo tipo ansia ha una fonte esterna ben precisa. Questa fonte è quasi sempre vista come una minaccia o comunque un elemento negativo per la persona, nel nostro caso, la conoscenza della verità da parte del prossimo. Quando ormai siamo in uno stato di ansia, mettiamo in atto dei comportamenti o atteggiamenti che sono contraddittori con quanto vogliamo far credere, ma che inconsciamente sono per noi "rilassanti". Per questo durante la menzogna, abbiamo bisogno di toccarci il labbro o la gola. Inoltre il nostro corpo, essendo lo specchio dell'anima, esprime sempre la verità. Tornando all'esempio del poker, un gioco ad alto contenuto psicologico, il controllo del corpo, sotto forti stati di ansia (posta in gioco molto alta) è fondamentale. Un bravo giocatore di poker, oltre che essere abile con le carte e fortunato, dovrà essere una persona molto "controllata". Il nostro corpo comunica in ogni momento il nostro reakle stato d'animo agli altri: se diciamo di aver in mano delle ottime carte, ma le nostre mani tremano e la nostra bocca è tirata, potremmo destare molti sospetti negli avversari. Al contrario, un bravo giocatore, deve riuscire a dissimulare il suo svantaggio rispetto agli altri controllando le sue emozioni e il suo stato di ansia, portando gli altri a credere di avere la partita in mano oppure mettendoli sotto stress facendogli azzardare a mosse sbagliate. I giocatori, come gli sportivi, come chi lavora nel marketing, nelle risorse umane e anche in campo pubblicitario, devono avere bene a mente l'importanza della gestione dell'ansia e del corpo. Quindi, qual' è il meccanismo della fuga di informazioni per cui un bluff crolla o una bugia viene scoperta? Si innesca una catena di causa – effetto, quasi sempre identificata quando ormai è troppo tardi. Riassumiamone i concetti fondamentali:

- Il bluff o la bugia generano contraddizione tra emotività e logica calcolatrice

- la contraddizione mette sotto pressione gli individui

- la pressione è sempre più difficile da reggere e nasce l'ansia

- l'ansia genera dubbi, che condizionano il

nostro comportamento non verbale

- nel mentre l'ansia influenza la fisiologia del nostro corpo, attivando tutti quei meccanismi involontari attivati nelle situazioni di allarme

- tentiamo di nascondere l'ansia in aumento cercando di dissimulare comportamenti rivelatori e rafforzando ciò che inconsciamente ci rassicura

- l'ansia è ormai fuori controllo, le contraddizioni, nonostante tutti gli sforzi, stanno trapelando, e ciò fa aumentare ancora di più lo stato di agitazione.

- Il controllo a livello fisico è ormai solo un utopia, comportamenti non coerenti fanno da padrona alla comunicazione e il nostro interlocutore, se attento, possiede tutti gli elementi per smascherare il nostro bluff o menzogna.

Questo meccanismo può essere controllato

imparando a gestire l'ansia. Ovvio, è molto più semplice la teoria della pratica, ma conoscere quali sono gli elementi alla base di tutto ciò è già un gran bel passo avanti! La prima regola come in ogni cosa è aver pazienza e essere costanti, osserviamo con attenzione noi stessi e gli altri, solo così potremmo davvero avere delle chance di imparare a comprendere correttamente il linguaggio del corpo.

CAPITOLO 8

Come piacere agli altri utilizzando il linguaggio del corpo?

A volte ci capita che alcune persone ci piacciano dal primo istante, usiamo descrivere il fenomeno con frasi tipo " il suo modo di fare mi piace" oppure " mi è piaciuto a primo impatto". Oppure può capitare la cosa opposta, ci sono persone che non ci piacciono a prima vista. Perchè succede questo? Perchè il nostro linguaggio non verbale, comunica qualcosa di noi ancor prima delle parole. Come possiamo utilizzare il linguaggio non verbale per fare una bella impressione sin da subito? Così che gli altri siano ben disposti a far conoscenza con noi?

- Anche se è sbagliato giudicare alla prima impressione, la nostra mente, appena entra in contatto con qualcosa di nuovo, cerca di farsene un'idea, è un riflesso naturale, quasi istintivo. La prima cosa di noi che gli altri vedono è la nostra fisicità, per cui, è importante porre molta attenzione a ciò che stiamo esprimendo con il nostro corpo. E' importante avere un atteggiamento di apertura e benevolenza verso il prossimo e una gestualità che faccia trasparire gentilezza e educazione.

- Avere una postura del corpo che ci faccia sentire rilassati e a nostro agio, come il busto dritto, le spalle rilassate, il petto leggermente infuori, respiro profondo e arti non incrociati, con mani in vista, al fine di indicare reale interesse alla conoscenza. Questo è ciò che ci differenzia dall'essere altezzosi o dare un'idea di pessimismo agli altri.

- Quando ci presentiamo, dobbiamo avere un atteggiamento aperto, con nulla che copra il busto, con il viso ben su e ben eretti su noi stessi, bisogna dare un immagine di positività e apertura verso la conoscenza, inoltre dobbiamo trasmettere sicurezza in noi stessi: chi è negativo con sé stesso, trasmette la stessa sensazione agli altri.

- Riponiamo tutta la nostra attenzione in quello che stia o facendo, non giocherelliamo con gli oggetti e non spostiamo il nostro sguardo su altro, Le altre persone devono recepire che abbiamo un sincero interesse verso di loro. Inoltre, tutto ciò da un senso di sicurezza.

- Se vogliamo piacere agli altri, dobbiamo mostrarci positivi e quindi sorridere e non dimenticare l'educazione salutando sempre! Il saluto è un gesto molto importante, da non trascurarne assolutamente il valore, anche se gli altri non corrispondono, noi salutiamo sempre, vedremo i benefici di una buona educazione nel corso del tempo. Cercare di emanare positività, è anche un ottimo metodo per combattere il pessimismo che ogni tanto ci cattura.

In conclusione, il condizionamento più forte, verso gli altri, è sempre il risultato del nostro comportamento.

Se il nostro atteggiamento è quello di una persona aperta, positiva e amichevole, la prima impressione sarà nella maggior parte dei casi ottima.

Le persone istintivamente si lasciano influenzare da ciò che vedono, creando dei pregiudizi, che molte volte possono diventare terrene fertile di ostilità e barriere insormontabili.

Se si considera la comunicazione nel suo complesso, ciò che conta in un rapporto interpersonale, se quantificato in percentuali, è la comunicazione non verbale (90%) rispetto a quella verbale (10%).

CAPITOLO 9

Linguaggio del corpo e crescita personale

In che modo conoscere e interpretare il linguaggio del corpo può influenzare la crescita personale?

La crescita personale è la ricerca della consapevolezza del sé, in modo da vivere la vita con armonia e positività. La crescita personale è un lavoro lungo, faticoso e che richiede costanza che parte prima di tutto da sé stessi. Comprendere il linguaggio del corpo ha due importanti prerogative all'interno della crescita personale:

- conoscere il proprio corpo e imparare ad ascoltarlo comprendendolo è essenziale nel raggiungimento della pace interiore. Il corpo non mente, e per quanto con razionalità, ci ostiniamo a negare a noi stessi sentimenti negativi o pensare erroneamente di aver il controllo sui nostri conflitti interni, il corpo ci dirà subito se tutto ciò è reale o meno.

- La crescita personale non è solo basata su noi stessi, ma anche sulla costruzione di rapporti positivi e armoniosi con le altre persone. Un modo è certamente quello di tentare di comprenderle. Le interpretazioni erronee o dei pregiudizi basati su false convinzioni, pregiudicano notevolmente i nostri rapporti interpersonali, e quindi portano del malessere anche in noi: l'uomo è un animale sociale, e come tale, per star bene, deve vivere in un contesto sereno e pacifico.

Conoscere il linguaggio del corpo, è inoltre, è un' ottima arma per evitare di essere manipolati. Pensateci, quante volte siamo stati ingannati, e abbiamo pensato, se solo avessimo capito prima! Comprendere la mente umana è una cosa meravigliosa e piena di sorprese, ci aiuta a vivere meglio con stessi e a vivere meglio le nostre relazioni interpersonali.

CAPITOLO 10
ESERCIZI

Siamo giunti alla fine del libro, e cosciente del fatto che conoscere il linguaggio del corpo è molto utile, voglio proporre degli esercizi per mettere in pratica tutto quello che viene detto. Oltre a diventare degli ottimi osservatori, armarci di pazienza e costanza, è importante sviluppare l'intuito, al fine di cogliere al meglio tutti i segnali che l'interlocutore ci invia. L'intuito è quella sensazione inspiegabile che abbiamo non appena entriamo a contatto con qualcosa. Quante volte ci è capitato di entrare in una stanza e provare una sensazione di disagio? Ecco, la sensazione di disagio è data dall'istinto. Questo vale anche per le persone, quando entriamo a contatto con esse, possiamo percepire delle sensazioni, positive o negative, a seconda di come si pongono nei nostri confronti. Tenendo bene a mente l'istinto e quanto detto nei capitoli precedenti, vedremo insieme alcuni esercizi.

ESERCIZIO 1

1. Cercate sui libri, riviste o pc delle foto che rappresentino persone

2. Provate a imitare la loro posizione e la loro mimica facciale

3. Osservatevi in uno specchio

4. Qual' emozione percepite fissando la vostra immagine riflessa? Provate a concentrarvi bene e se serve chiudete gli occhi

5. Quello che percepirete, sarà probabilmente la stessa sensazione della persona che state imitando.

ESERCIZIO 2

Vediamo ora, un altro esercizio, stavolta in relazione diretta con gli altri.

1. Chiedete a qualcuno di aiutarvi in ciò che state per fare
2. Chiedete all'altra persona di ricordare un momento in cui ha provato tristezza
3. Mentre l'altra persona pensa al suo ricordo, osservate il suo linguaggio non verbale
4. Cercate di riprodurre la sua stessa postura e mimica
5. Provate a pensare se l'atteggiamento che avete appena assunto vi ricorda la stessa sensazione descritta dall'altra persona.

ESERCIZIO 3

Vi propongo ora, un altro esercizio:

1. Pensate ad una persona conosciuta in ambito lavorativo o scolastico

2. Visualizzatela nella vostra mente, come descrivereste il suo atteggiamento?

3. Come descrivereste il suo aspetto esteriore? Il suo aspetto esteriore coincide con il suo atteggiamento?

4. Prendete nota della vostra ultima comunicazione, ci sono stati dei segnali di stress? Cosa avete notato della sua CNV?

5. Ha fatto qualcosa di diverso rispetto al solito durante la comunicazione?

ESERCIZIO 4

1. Guardate un film in tv

2. Togliete l'audio e osservate i personaggi

3. Che sensazioni emergono in voi osservando gli attori? Quali sono le loro espressioni e i loro atteggiamenti? Sono credibili o è visibile che stanno solo recitando?

ESERCIZIO 5

1. Osservate ora un pezzo di propaganda politica, il politico in questione, come si pone?

2. Annotatevi le caratteristiche della sua comunicazione non verbale

3. Sta mentendo? O sembra affidabile?

4. E' evasivo o diretto? E' tranquillo o ansioso? Come traspaiono queste sensazioni dal suo linguaggio non verbale?

5. Come parlano? Lentamente o velocemente? Il discorso è fluido senza interruzioni? Le frasi sono lasciate a metà?

ESERCIZIO 6

1. Osservate voi stessi davanti ad uno specchio

2. Pensate ad un ricordo importante nella vostra vita

3. Visualizzatelo chiudendo gli occhi

4. Che emozione suscita in voi?

5. Aprite gli occhi e guardatevi allo specchio, notate qualcosa nella vostra espressione? Nella posizione del vostro corpo? Nella vostra postura?

6. Prendete nota di ciò che avete osservato

7. Provate a fare la stessa cosa con altri ricordi con richiamino sensazioni diverse, imparare ad ascoltare sé stessi è fondamentale e prioritario prima di tentare di capire gli altri. Inoltre, più siamo coscienti della nostra gestualità e più saremo in grado di dominarla.

ESERCIZIO 7

1. Pensiamo ad una situazione di forte stress che ci ha coinvolto

2. Come abbiamo reagito?

3. Proviamo a ricordare l'attimo in cui abbiamo avvertito la tensione, cosa stavamo facendo? Dove eravamo? Come ci siamo posizionati? Che espressione del viso abbiamo assunto?

4. Aiutiamoci guardandoci allo specchio

5. Abbiamo un modo abituale per esprimere stress e ansia? Ad esempio ci tocchiamo il lobo dell'orecchio? O ci grattiamo il mento? Cerchiamo di individuarlo se esiste.

ESERCIZIO 8

1. Concentratevi sull'ascolto delle vostre emozioni

2. Non interrompetene il flusso

3. Se può essere utile, eseguite delle meditazioni, il controllo di sé è fondamentale nella gestione del linguaggio del corpo

4. Fate la stessa cosa con le altre persone

5. Osservatele e ascoltatele senza interromperle, anche se ciò che dice non è interessante, deve importare non il contenuto, ma la forma del messaggio.

6. Durante l'interazione con gli altri, fate autocritica verso il vostro modo di porvi. Avete dato un messaggio di apertura oppure no? Che sensazione pensate di avere espresso con il vostro linguaggio non verbale?

7. Avete utilizzato dei gesti durante la comunicazione? Di che natura erano questi gesti? Erano un rafforzativo del concetto espresso? Servivano a spiegare cosa volevate comunicare all'altro? Oppure erano solo un mezzo per sfogare il nervosismo che quella situazione vi ha lasciato addosso? O ancora, erano gesti di distanziamento dall'interlocutore, perchè la comunicazione non era piacevole?

8. Provate pensarci, e annotate ciò che vi viene in mente.

9. Provate anche a riflettere sui gesti dell'interlocutore e sulla loro natura. Domandatevi che cosa voleva dire il nostro interlocutore con i gesti che ha fatto?Erano consapevoli?

ESERCIO 10

1. Andate in un posto affollato come la stazione dei treni o un aeroporto

2. Portatevi dietro un block notes

3. Osservate attentamente i passanti

4. Come sono vestiti? In che modo camminano? Hanno fretta? Sono calmi? A giudicare dal loro comportamento qual' è lo scopo del loro viaggio?

5. Concentratevi su un numero ristretto di passanti, che cosa vi colpisce del loro atteggiamento?

6. Esercitate i vostri occhi a notare anche i più piccoli particolari, una volta che avrete fatto pratica, certi dettagli salteranno subito all'occhio!

Spero che questi esercizi possano essere utili, al fine di comprendere il linguaggio del corpo. Ovviamente tutto questo, è solo un piccolissimo spunto per iniziare ad avvicinarsi all'argomento, che rimane tema di forte interesse e numerose ricerche da parte di molti studiosi. Informandosi e facendo pratica dell'argomento, si potranno ottenere modesti risultati, anche se l'evidenza inoppugnabile che l'interpretazione che diamo al linguaggio del corpo altrui, sia veritiera, non esiste! Ogni persona, in quanto essere umano, ha delle variabili non riducibili a una serie di regole da seguire per trovarne la chiave dell'interpretazione. Ma forse è proprio questo ciò che tiene vivo l'interesse per il funzionamento della mente umana, la sua continua sorpresa e bellezza. Capire il nostro corpo, è il primo passo per trovare l'armonia con noi stessi, e in un secondo momento anche con gli altri.

La scienza ha fatto grossi passi avanti, e continua a farli, chissà cosa potremmo scoprire nel nostro futuro.

www.ingramcontent.com/pod-product-compliance
Lightning Source LLC
Chambersburg PA
CBHW051217250726
48655CB00006B/2449